PRINCIPAUX FAITS

DE

L'HISTOIRE D'ABYSSINIE

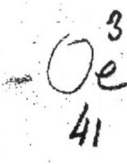

PRINCIPAUX FAITS

DE

L'HISTOIRE D'ABYSSINIE

(D'après les Annales abyssiniennes traduites par James Bruce en 1770)

PAR

FERDINAND DE LESSEPS.

———⋅⋅∘⋅⋅———

PARIS

IMPRIMERIE CENTRALE DE NAPOLÉON CHAIX ET Cⁱᵉ

RUE BERGÈRE, 20.

1860

PRINCIPAUX FAITS

DE L'HISTOIRE D'ABYSSINIE

CHAPITRE PREMIER.

Origines du peuple abyssinien.

Les Abyssiniens conservent une tradition dont l'origine, disent-ils, se perd dans la nuit des temps et qui est également consacrée parmi les Juifs : c'est que peu de temps après le déluge, Chus, petit-fils de Noé, passa avec sa famille par la basse Egypte, alors inhabitée, traversa l'*Atbara*, et vint jusqu'aux terres élevées de l'Abyssinie.

La même tradition rapporte que Chus et sa famille, épouvantés par l'événement terrible du déluge, toujours présent à leur mémoire, aimèrent mieux habiter des cavernes dans le flanc des montagnes que de s'établir dans les plaines.

Cette race d'hommes se creusa, avec une industrie surprenante, des demeures commodes dans des montagnes de marbre et de granit, demeures qui se sont conservées en grand nombre jusqu'à ce jour.

Les Abyssiniens disent encore que les enfants de Chus bâtirent la ville d'*Axoum* quelque temps avant la naissance d'Abraham. Bientôt après ils établirent des colonies jusqu'à l'Atbara, où nous savons, d'après le témoignage d'Hérodote (*livre* II, *ch.* XXIX), qu'ils cultivaient les sciences. Josèphe (*Antiquit. jud.*) les appelle Meroëtes, ou habitants de Meroé (*Atbara*), île située entre le cours de l'Astaboras et le cours du Nil.

Les fragments des statues colossales de la constellation du chien que l'on voit encore à Axoum prouvent que ce peuple avait déjà des connaissances astronomiques. Seïr, dans le langage des Chussites ou Troglodytes et dans celui du pays de Meroé, signifie chien, ce qui nous explique pourquoi cette province a porté le nom de Siré, et le grand fleuve qui la borde celui de Siris.

Dans la plaine entre le Fazoglou et le Sennaar, le fleuve s'appelle *Nil*, c'est-à-dire *bleu*. Les anciens le connaissaient aussi sous ce nom et sous celui de *Egyptus*; mais ils le désignaient plus souvent sous celui de Siris. Pline dit qu'il portait ce nom avant de se réunir à l'autre branche, celle du Nil blanc : *Sic quoque etiamnunc Siris, ut ante nominatus per aliquot millia et in Homero Egyptus.*

Le nom d'Egyptus qu'Homère donne au fleuve était connu en Ethiopie bien avant le chantre d'Achille. L'Egypte, en éthiopien, est appelée *Y gypt*, et un Egyptien s'appelle *Gypt*; or, *Y gypt* signifie le pays des fossés ou des canaux.

Thèbes fut bâtie par une colonie d'Ethiopiens qui sortaient de Siré, la ville de Seïr ou de la Canicule et de Meroé. Diodore de Sicile dit que les Grecs, en mettant un O devant Siris, avaient rendu ce mot inintelligible. Siris était donc Osiris; mais il n'était ni le soleil, ni un personnage réel. C'était l'étoile Sirius ou de la Canicule, désignée sous la figure d'un chien à cause de l'avertissement qu'il donnait à Atbara, où furent faites les premières observations de son lever héliaque, ou de son dégagement des rayons du soleil qui le rendait facilement perceptible à l'œil nu. C'était l'aboyant *Anubis*, parce que l'on comparait son premier aspect au jappement d'un chien, et qu'il avertissait de se préparer à la prochaine inondation.

La théorie de la constellation du Chien fut particulièrement étudiée à Thèbes, à cause de ses rapports avec l'année rurale des Egyptiens.

Ptolémée a consigné une ascension héliaque de Sirius, observée le quatrième jour après le solstice d'été, qui répond à l'an 2250 avant Jésus-Christ, et il y a de très-fortes raisons de croire que longtemps avant cette époque, les Thébains étaient déjà de bons astronomes. Cette observation donne certainement à Thèbes une plus haute antiquité que ne lui en attribue la chronique d'Axoum.

Cette ville n'est point désignée dans l'Ecriture sainte par le nom qui nous a été transmis. Avant Moïse, elle fut détruite par Salotis, prince des Agaasi ou pasteurs éthiopiens. Dans l'ancien langage, cette ville s'appelait Ammon-No. Le nom de Thèbes, à cause de la forme de ses temples, vient, dit-on, de *Théba*, mot qui en hébreu signifie l'arche que Noé eut ordre de bâtir : « Tu construiras une arche (théba) de bois poli.» (Genèse, chap. vi, vers. 14.)

Tandis que les descendants de Chus étendaient leurs progrès dans le centre et au nord de leur territoire, leurs frères s'avançaient dans les montagnes qui se prolongent parallèlement au golfe d'Arabie. Ce pays fut dans tous les temps appelé Saba ou Azabo. Chacun de ces mots signifie le *sud*. Il portait ce nom parce qu'il était sur la côte méridionale du golfe d'Arabie, et que, en venant d'Arabie et d'Egypte, c'était la frontière sud du continent africain.

Des populations aux cheveux longs, aux traits fins et réguliers, à la peau d'un brun foncé, vivant au sein des plaines, dans des habitations mobiles, gardant de nombreux troupeaux et errant au gré de leurs besoins, se rapprochèrent des Chussites et leur servirent de messagers pour le transport de leurs marchandises. Ces hommes étaient appelés en hébreu *Phut*, et dans toutes les autres langues *pasteurs*. Ils ont toujours la même occupation et jamais ils n'en connurent d'autres. On les désignait sous différents noms, comme *Balous, Bagla, Belavé, Berberi, Barabra, Zilla* et *Suah*, qui tous signifient pasteur. Le pays qu'ils habitent fut appelé *Barbarie* par les Grecs et par les Romains, d'après le mot *Berber*, qui signifiait originairement pasteur.

C'est par la longue lisière de terre qui s'étend sur les bords de l'océan Indien et de la mer Rouge que les pasteurs transportaient les marchandises dans les ports de ces mers jusqu'aux plaines de l'isthme de Suez, qui tire probablement son nom de *Souah*, pasteurs.

Dans la Bible, une partie de ces plaines porte le nom de *Gessen*, c'est-à-dire terre des pâturages, et les Arabes l'appellent encore aujourd'hui *Beled-el-Guéche*, pays des pâturages.

Le principal siége de la résidence des pasteurs était cette partie basse et unie de l'Afrique qui se trouve entre le tropique du Cancer et les montagnes de l'Abyssinie.

Mais les plus nobles, les plus belliqueux de tous les pasteurs sont, sans contredit, ceux qui habitaient jadis et qui habitent encore les montagnes d'Habad, dont la chaîne s'étend depuis les environs de Massouah jusqu'à Souakim.

Dans l'ancienne langue de ce pays, *so* signifie pasteur ; *souah* est le pluriel.

Les montagnes habitées par les Agaazi s'appellent *Habah*, nom dont ils ont eux-mêmes tiré le leur. Habah, dans leur langage, comme en arabe, signifie un serpent. De là vient la fable historique qu'on trouve dans le livre d'Axoum, où il est dit qu'un serpent conquit la province du Tigré et y régna.

Suivant la chronique d'Axoum, *le plus ancien recueil du pays*, livre dont l'autorité est la plus respectable après celle de l'Écriture sainte, entre la création du monde et la naissance de Jésus-Christ, il s'écoula 5500 ans. L'Abyssinie ne fut peuplée que 1808 ans avant le Christ ; et environ 1400 ans avant Jésus-Christ, un grand nombre d'hommes, qui parlaient différentes langues, vinrent s'y réfugier. Ils furent bien accueillis par les Agaazi, pasteurs habitant les hautes contrées du Tigré, et chacun occupa la terre qui lui convint le mieux. Cet établissement est appelé dans la chronique d'Axoum *Angoba*, c'est-à-dire l'entrée des nations.

La tradition dit encore que ce peuple venait de la Palestine vers l'époque où une inondation fit de grands ravages. Pausanias rapporte en effet qu'il y eut une inondation en Éthiopie pendant le règne de Cécrops, en Grèce, 1490 ans avant Jésus-Christ. A cette époque, les Israélites, quittant l'Arabie, entrèrent dans la terre promise sous Caleb et sous Josué. — Nous ne devons pas être étonnés de l'impression terrible que fit cette invasion sur l'esprit des habitants de la Palestine. Aussi quand Josué eut passé le Jourdain et fait tomber les murailles de Jéricho, une terreur panique s'empara de tous les peuples de la Syrie et de la Palestine. *Ils tuèrent tout ce qui s'y rencontra, (à Jéricho), depuis les hommes jusqu'aux femmes, et depuis les enfants jusqu'aux vieillards. Ils firent pas-*

ser aussi au fil de l'épée les bœufs, les brebis et les ânes. (*Josué*, chap. VI, v. 21.)

Les différents peuples de la côte de Syrie et de Palestine, qui parlaient chacun un langage différent, apprenant que le conquérant, suivi d'une nombreuse armée, et déjà en possession d'une partie du pays, faisait périr les vaincus sous des scies et des herses de fer, ne purent se déterminer à attendre un ennemi si redoutable, et cherchèrent leur sûreté dans une prompte fuite. C'est chez les pasteurs de l'Abyssinie et d'Atbara que ces malheureux devaient le plus naturellement se réfugier.

Procope fait mention de deux colonnes qui, de son temps, étaient encore debout sur la côte de Mauritanie, vis-à-vis de Gibraltar, et sur lesquelles on lisait en langue phénicienne : *Nous sommes Phéniciens et fuyons devant la face du fils de Nun (Josué).*

Ainsi parmi les divers habitants de l'Abyssinie, depuis les limites méridionales jusqu'aux frontières de l'Égypte, il y avait d'abord les descendants de Chus, peuple policé et demeurant dans des villes, après avoir été troglodytes et avoir vécu dans des cavernes; puis les pasteurs. Après ceux-ci venaient enfin les nations sorties de la Palestine, les Amhara, les Agow de Damot, les Agow de Tohué, les Gafat.

CHAPITRE II.

Voyage de la reine de Saba à Jérusalem, auprès de Salomon, et conversion de l'Abyssinie au judaïsme.

On ne doit point être étonné si le trafic continuel et l'importance des affaires que les Tyriens et les Juifs faisaient avec les Chussites et les Pasteurs de la côte d'Afrique avaient établi des relations intimes entre eux. On comprend dès lors que la reine de Saba (nous rappelons que Saba veut dire sud), souveraine de ces contrées, ait conçu le désir de voir par elle-même ce que devenaient les trésors qu'on exportait de chez elle depuis tant d'années, et de connaître le grand prince qui les employait avec tant de magnificence. Il ne peut y avoir aucun doute sur son voyage. Tous les peuples de l'Orient l'attestent et en parlent dans les mêmes termes que l'Ecriture. Les annales abyssiniennes disent que la reine vivait à Saba ou Azab, pays de l'encens et de la myrrhe, situé non loin de la mer Rouge. Ils ajoutent qu'elle alla à Jérusalem sous les auspices d'Hiram, roi de Tyr, dont la fille l'accompagnait, ainsi qu'il est dit au psaume 45 ; qu'elle ne fit point le voyage par mer et ne traversa pas l'Arabie de peur des Isma-lites ; mais qu'elle se rendit d'Azab en Palestine et en revint en faisant le tour de Massouah et de Souakim, escortée par ses propres sujets, les Pasteurs ; qu'enfin elle se servit du chameau ou dromadaire, et que celui qu'elle montait était blanc, d'une grandeur prodigieuse et d'une extrême beauté.

Plusieurs auteurs anciens ont cru cette reine arabe. Mais Saba était un royaume particulier qu'on ne peut pas confondre avec une petite ville d'Arabie appelée aussi Saba, parce qu'elle était au sud de la Mecque. L'histoire nous apprend que les Sabéens avaient coutume d'être gouvernés par une reine plutôt que par un roi, tandis que les Homérites ou Sabéens arabes qui habitaient la côte d'Arabie opposée au rivage d'Azab étaient gouvernés par des rois. Les rois homérites ne pouvaient jamais sortir de leur pays ni même de leur résidence, et dès qu'ils paraissaient en public, on avait le droit de les lapider. Assurément un peuple qui traitait ainsi ses souverains n'aurait pas souffert que sa reine entreprît un voyage, si un hasard contraire à leurs usages les avait rendus sujets d'une reine. Les Arabes prétendent que le nom de la reine de Saba qui vint à Jérusalem était Belkis. Les Abyssiniens la nomment Maquéda. Le Nouveau Testament l'appelle la reine du Midi ; *La reine du Midi...... vint des extrémités de la terre pour entendre la sagesse de Salomon ; elle contemplera celui qui est plus grand que Salomon.* (Saint Math., chap. XII, vers. 42.)

Les annales d'Abyssinie sont remplies de détails sur le voyage de la reine de Saba. Elles disent que cette reine, païenne à son départ d'Azab, remplie d'admiration à la vue des ouvrages de Salomon, se convertit au judaïsme à Jérusalem, et eut du roi des Hébreux un fils à qui elle donna le nom de Ménilek. La reine s'en retourna à Saba avec son fils Ménilek, qu'elle garda quelques années et renvoya ensuite à son père pour le faire instruire. Salomon ne négligea rien pour l'éducation de cet enfant. Ménilek fut oint et couronné roi d'Ethiopie dans le temple de Jérusalem et prit le nom du père de Salomon, Daoud (David). Ensuite il revint à Azab, où il conduisit une colonie de Juifs, et parmi eux des docteurs de la loi de Moïse, particulièrement un de chaque tribu. Il établit ces docteurs juges dans son royaume, et c'est d'eux que descendent les Umbares actuels, juges suprêmes, dont trois accompagnent toujours le roi. Avec Ménilek était Azarias, fils du grand-prêtre Sadok, portant une copie de la loi confiée à sa garde. Azarias reçut aussi le titre de Nébrit ou de grand-prêtre, et quoique le livre de la loi ait été brûlé dans l'église d'Axoum pendant que les Arabes dévastaient la province d'Adel, la charge d'Azarias fut conservée, à ce qu'on assure, dans sa famille dont les descendants sont aujourd'hui Nébrits, ou prêtres de l'église d'Axoum.

Toute l'Abyssinie fut donc convertie au judaïsme. Le gouvernement de l'Église et celui de l'Etat furent entièrement modelés sur celui de Jérusalem. Le dernier usage que la reine de Saba fit de son pouvoir fut d'ordonner qu'aucune femme ne pourrait, à l'avenir, être déclarée reine, et qu'on déférerait la couronne à l'héritier mâle, quelque éloigné qu'il fût, à l'exclusion absolue des femmes. On remarque plus tard, dans l'histoire d'Abyssinie, que s'il n'y a plus eu de femme portant la couronne, des reines régentes ont du moins illustré leur gouvernement. Ce furent même, en général, des époques de prospérité pendant lesquelles les guerres civiles s'apaisèrent. La reine de Saba, après un règne de 40 ans, mourut 986 ans avant Jésus-Christ. Son fils Ménilek lui succéda. Il était constaté au temps de Bruce, c'est-à dire en 1770, que les descendants de Ménilek occupaient encore le trône.

CHAPITRE III.

Conversion de l'Abyssinie au christianisme.

Les Abyssiniens adoptent l'Écriture sainte comme nous l'adoptons, et ils comptent le même nombre de livres que nous.

L'Apocalypse de saint Jean est leur lecture favorite; ils l'intitulent : *la Vision de Jean Abou-Kalamsis*.

Les vieux prêtres abyssiniens lisent avec beaucoup de zèle le cantique de Salomon, mais ils en défendent la lecture aux diacres, aux laïques et aux femmes. Ils croient que Salomon composa ce cantique en l'honneur de la fille de Pharaon.

Après le Nouveau Testament, les Abyssiniens placent les actes des apôtres, qu'ils appellent *synnodos*; ces *synnodos* servent de loi écrite dans le pays.

Un autre livre s'appelle *Haimanout-Abou*. Il contient principalement la collection des ouvrages des Pères grecs, traitant et expliquant certains articles de foi qui ont été l'objet des disputes de l'ancienne Église d'Orient. Les traductions des ouvrages de saint Athanase, saint Basile, saint Jean Chrysostome et saint Cyrille, existent aussi en Abyssinie.

Un autre livre révéré dans ces contrées est le *Synaxar* ou la *Fleur des saints*.

D'après l'histoire abyssinienne, Bazen, qui fut le vingt-deuxième roi descendant de la reine de Saba, était contemporain d'Auguste ; il régna seize ans. La naissance de Jésus-Christ arriva dans la huitième année de son règne.

La conversion de l'Abyssinie au christianisme eut lieu sous le roi Abréha ou Atzbéba, treizième successeur de Bazen, vers 333 de l'ère chrétienne.

Le premier évêque de l'Abyssinie fut délégué par saint Athanase d'Alexandrie, qui lui-même occupa le siége épiscopal de cette ville dès l'an 330.

L'histoire abyssinienne raconte que Frumentius, l'apôtre de l'Abyssinie, vint dans ce royaume sous le gouvernement d'une femme qui était probablement tutrice du roi mineur.

Le philosophe Méropius, Grec de naissance, établi à Tyr et professant la religion chrétienne, s'était embarqué sur la mer Rouge pour se rendre aux Indes ; il emmenait avec lui Frumentius et Adésius, deux jeunes gens qu'il désirait établir dans le commerce, après leur avoir donné une éducation distinguée. Le vaisseau sur lequel ils avaient pris passage fut brisé sur la côte d'Abyssinie. Méropius périt en se défendant contre les naturels du pays, et les deux jeunes gens furent pris et conduits à Axoum, où la cour résidait alors; ils apprirent très-promptement la langue des Abyssiniens, et comme dans ce pays l'on a toujours été disposé à admirer les étrangers, ils furent l'objet des attentions et des faveurs de la cour. Adesius fut nommé maître du garde-meuble et de la maison du roi, fonction qui, depuis, a constamment été remplie par un étranger. Quant à Frumentius, la reine régente le jugea digne d'être chargé de l'éducation du roi, qui était en bas âge; il se dévoua à cette princesse.

En instruisant son élève, Frumentius lui inspira beaucoup de vénération et d'amour pour la religion chrétienne; ensuite il partit pour Alexandrie, afin de rendre compte à l'évêque Athanase de l'espoir qu'il avait de convertir l'Abyssinie au christianisme, si l'on y envoyait des hommes capables de répandre l'instruction parmi le peuple.

Athanase sacra Frumentius évêque d'Axoum. A son retour, le roi embrassa publiquement le christianisme. La plus grande partie de l'Abyssinie suivit son exemple, et l'Eglise d'Ethiopie se maintint jusqu'à nos jours.

Il paraît que cette conversion de l'Abyssinie s'effectua paisiblement et sans aucune effusion de sang. C'était la seconde fois que l'empire changeait de religion de la même manière, avec la même facilité et le même ordre. Nul prêcheur fanatique, nul saint trop emporté ne causèrent de trouble. Ces deux grands événements ne coûtèrent pas la moindre goutte de sang à une nation sage quoique barbare, parce qu'aucune persécution ne fut la suite de la différence de sentiment en fait de religion. Si la guerre a souvent désolé l'Abyssinie, elle n'a eu que des motifs purement temporels.

Vers l'an 1200, tandis que Lalibala régnait en Abyssinie, les chrétiens furent violemment persécutés en Egypte. Amrou, lieutenant du calife Omar, avait alors achevé la conquête de ce royaume. Les maçons et les tailleurs de pierre furent plus vivement poursuivis que les autres, parce que les Arabes avaient leur métier en abomination. Lalibala, offrant un asile dans ses Etats à tous ceux qui se dérobaient à la persécution, en recueillit un grand nombre. Il fit creuser plusieurs églises dans le roc solide de la province de Lasta, sa patrie, où elles sont demeurées intactes jusqu'à présent.

Sous le règne de Saïf-Araad (de la descendance de Salomon), de 1342 à 1370, le soudan d'Egypte avait fait emprisonner Marc, patriarche des Cophtes. Dès que la nouvelle en parvint à Saïf-Araad, il fit arrêter tous les marchands égyptiens et envoya au delà des frontières des postes de cavalerie pour molester les caravanes et interrompre leur marche. Le soudan fit bientôt relâcher l'abouna Marc, sous la seule condition qu'il rétablirait la paix entre Saïf-Araad et l'Egypte, ce qui ne tarda pas à avoir lieu.

Zara Jacob, quatrième fils de David II, succéda à son neveu et occupa le trône pendant trente-quatre ans (de 1434 à 1468). Il prit le nom de Constantin ;

on le regarde en Abyssinie comme un autre Salomon.

Les Abyssiniens avaient fondé depuis longtemps, à Jérusalem, un couvent auquel Zara Jacob fit des dons. Il obtint le consentement du pape pour établir à Rome un couvent d'Abyssiniens.

Au nom de ce prince, Nicodème, alors supérieur du couvent de Jérusalem, envoya des prêtres au concile de Florence. Ces prêtres adhérèrent aux sentiments de l'Église d'Orient sur la procession du Saint-Esprit, objet du schisme entre les Grecs et les Latins. Cependant l'ambassade abyssinienne parut assez importante pour que le souvenir en fût conservé dans un tableau placé au Vatican.

CHAPITRE IV.

Lutte de l'Abyssinie contre l'invasion des tribus musulmanes de l'Arabie et de la côte d'Afrique. Ses alliances avec le Portugal avant et après la découverte du cap de Bonne-Espérance.

Le prince Henri, fils de Jean Ier, roi de Portugal, jaloux de la grandeur de Venise, qui devait sa prospérité au commerce des Indes, connaissait un autre moyen d'aller chercher des débouchés dans l'Inde ; c'était de doubler le cap fameux qu'on nommait alors promontoire des Tempêtes.

Le prince Henri eut à combattre les préjugés de toute la nation; mais l'histoire qu'il étudiait avec soin lui prouva que le voyage auquel il songeait avait été déjà exécuté, d'abord par les Phéniciens, pendant que Nécos régnait en Égypte, ensuite par Eudoxe, sous Ptolémée Lathyrus. Eudoxe doubla la pointe la plus méridionale de l'Afrique e arriva à Cadix.

Mais il est toujours des hommes qui, incapables de produire eux-mêmes rien de grand, passent leur temps à critiquer les entreprises des autres. Ces hommes affirmaient que l'océan bouillait continuellement autour des contrées brûlantes; ils soutenaient encore que ces contrées étaient tellement échauffées par le soleil, que tous les hommes qui les traverseraient deviendraient noirs. De tels raisonnements, propagés en Europe par les Vénitiens, auraient suffi pour renverser les projets du prince Henri, si le roi Édouard, loin de se laisser influencer par les détracteurs de l'entreprise de son oncle, n'eût favorisé ses projets. Plusieurs voyages furent tentés sous ses auspices.

Des chrétiens de retour de la Palestine avaient rapporté qu'il se trouvait à Jérusalem un couvent de moines sujets d'un prince chrétien résidant au cœur de l'Afrique, et dont l'empire s'étendait des bords de la mer Rouge et de l'océan Indien jusqu'au rivage Atlantique. On avait ajouté que plusieurs de ces moines venaient fréquemment à Alexandrie, dont le patriarche avait seul le privilége d'envoyer un évêque dans leur pays. On appela en Europe ce prince chrétien le *prêtre Jean*.

En même temps qu'il expédiait des navires chargés de tenter le périple de l'Afrique, le roi de Portugal envoya par l'Égypte deux ambassadeurs au prêtre Jean. Covillan et Païva furent chargés de cette mission ; on leur donna en même temps une carte tracée sous la direction du prince Henri, et on leur recommanda de la corriger suivant ce qu'ils verraient.

Les voyageurs portugais se rendirent à Alexandrie, au Caire, à Suez et à Aden. Là ils se séparèrent. Covillan se dirigea vers Calicut et Goa ; de là, traversant l'océan Indien, il alla visiter les mines de Sofala. A son retour à Aden et au Caire, où il devait rencontrer son compagnon Païva, il reçut la nouvelle de sa mort.

Il fut rejoint au Caire par deux juifs, Abraham et Joseph, qui lui apportaient des lettres du roi d'Abyssinie.

Covillan se rendit enfin dans les États du roi d'Abyssinie. Ce prince, nommé Alexandre, le reçut avec bonté et le garda à sa cour. L'ambassadeur se maria dans le pays, et conservant sa faveur sous différents princes, il parvint aux premiers emplois. Il écrivit fréquemment au roi de Portugal, qui de son côté n'épargna rien pour entretenir avec lui une active correspondance. Dans le journal que Covillan envoya à son souverain, il décrivit avec soin les différents ports de l'Inde qu'il avait vus, la situation et la richesse des mines de Sofala en Afrique, au nord du cap de Bonne-Espérance, et il l'exhortait, tant en son nom qu'au nom du roi d'Abyssinie, à poursuivre avec vigueur la découverte d'un passage par le sud de l'Afrique, passage qu'il soutenait être sans danger. Il assura que le cap était connu dans l'Inde et en Abyssinie, enfin il envoya une carte sur laquelle le promontoire était bien tracé, ainsi que toutes les villes qui bordaient la côte voisine.

Muni de ces instructions, le roi de Portugal fit armer trois vaisseaux dont il donna le commandement à Barthélemy Diaz. L'escadre de Diaz atteignit le cap redoutable, objet des désirs et en même temps de l'épouvante de ses marins ; mais lorsque Diaz voulut se rapprocher de la terre, les équipages effrayés par des vents violents et par une mer furieuse, refusèrent d'aller plus loin.

Les marins, dont les visages étaient hâlés par une longue navigation et par l'ardeur du soleil, craignaient réellement de devenir nègres. Toutes les fables dont on les avait menacés avant leur départ leur apparaissaient comme des réalités. Diaz fut obligé de se contenter de la vue du cap des Tempêtes, et au lieu de le doubler, il revint en Portugal où, pendant le reste de la vie du roi, on ne cessa de parler des dangers de l'expédition.

Pour détourner la cour de la poursuite de sa généreuse entreprise, beaucoup de gens puissants et même des envoyés de souverains étrangers appuyaient sur des motifs de haute politique leur opposition au renouvellement de la tentative de Barthélemy Diaz. Ils disaient, absolument comme on le dit aujourd'hui pour le percement de l'isthme de Suez, d'abord que l'entreprise était impossible, et ensuite que sa réussite devant changer les rapports généraux du commerce, les nations en possession exclusive du commerce des Indes se réuniraient pour faire une guerre d'extermination au Portugal.

Le prince Henri n'était plus là pour répondre aux objections contradictoires et aux perfides insinuations, et après lui s'était ralenti en Portugal l'esprit d'entreprises et de découvertes maritimes.

Mais plus tard le roi don Emmanuel, écartant de vaines terreurs, résolut de suivre le noble projet de ses prédécesseurs. Il jeta les yeux sur Vasco de Gama, homme distingué par son courage, par son caractère et par sa présence d'esprit. Il lui remit le journal et la carte de Pedro Covillan, ainsi que des lettres pour les princes indiens et africains dont il avait entendu parler.

Le 14 juillet 1497, Gama partit de Lisbonne avec une petite flotte, et le 18 novembre il découvrit le cap des Tempêtes. Mais les bâtiments étaient tellement battus par la tourmente que les matelots refusaient d'aller plus loin. Les impressions du voyage de Diaz étaient plus fortes sur leur esprit que l'obéissance et la résignation qu'ils avaient solennellement promises à la chapelle de la Vierge où Vasco les avait amenés en procession avant son départ de Lisbonne. Ils se révoltèrent ouvertement; les pilotes eux-mêmes étaient à la tête des mutins. Mais Vasco, secondé par ses officiers, s'empara des chefs de la révolte, et les jeta, chargés de fers, à fond de cale. Il prit lui-même en main la barre du gouvernail, et, s'écartant de terre, il gagna la pleine mer, au grand étonnement de ses plus braves compagnons. La tempête dura encore deux jours ; le 20, l'amiral avait eu l'honneur de doubler le cap. Dans ce moment de triomphe, les trompettes et les tambours se firent entendre. Vasco rendit la liberté aux prisonniers, leur permit toutes sortes de réjouissances, et les fit convenir que le cap si redouté devait justement être appelé le cap de Bonne-Espérance.

L'amiral débarqua avec Martin Alonso, qui parlait plusieurs langues des nègres, sur la *Terra de Natal*, où il fut parfaitement accueilli par le roi et par les indigènes.

Le 15 janvier 1498, après avoir renouvelé sa provision d'eau, que les nègres eux-mêmes aidèrent à mettre à bord, Gama quitta cette nation douce et hospitalière et s'avança jusqu'à un cap qu'il nomma le cap des Courants. Là commence la côte de Natal ; celle de Sofala est plus au nord. Gama, en venant du midi au cap des Courants, arriva précisément au même endroit que Covillan, de sorte que ces Portugais avaient fait à eux deux le tour entier de l'Afrique.

David III, deuxième successeur d'Alexandre, monta sur le trône, en 1508, à l'âge de douze ans. La reine régente *Héléna* et l'évêque Marc (l'Abouna), son favori, prirent les rênes du gouvernement de l'Abyssinie, qui commençait à être vivement inquiétée par les rois musulmans de la côte orientale d'Afrique et de la côte d'Arabie.

Héléna, fille d'un prince maure, fit tous ses efforts pour maintenir la paix entre les Abyssiniens chrétiens et leurs voisins mahométans, en cherchant à les lier par les relations commerciales; elle y avait déjà réussi lorsqu'une troisième puissance vint déranger l'équilibre. Les Turcs, qui n'avaient jamais paru dans le midi de l'Afrique et de l'Asie, s'y montrèrent.

Sélim, empereur de Constantinople, qui venait de vaincre le soudan d'Egypte, conquit bientôt la péninsule d'Arabie jusqu'aux bords de l'océan Indien.

Les villes commerçantes de la côte d'Arabie, Djedda, Moka, Souaken et Massouah, placées sur la côte d'Afrique, aux portes de l'Abyssinie, reçurent des garnisons turques de janissaires, qui pressurèrent le commerce au lieu de le protéger. Les marchands arabes s'enfuirent et portèrent leurs richesses sur les côtes du royaume d'Adel, aux limites sud-est de l'Abyssinie. Le commerce de l'Inde, échappant aux mêmes entraves, vint également se réfugier à Adel.

Les Turcs s'emparèrent alors de Zéyla, petite île située sur la côte d'Adel, à l'entrée de l'océan Indien. Ils y établirent une douane et soumirent le commerce que le royaume d'Adel faisait avec l'Inde à de dures contributions.

Ce nouvel établissement menaçait à la fois le royaume d'Adel et l'empire d'Abyssinie.

La reine régente Héléna, instruite du passage des Portugais par le cap de Bonne-Espérance et des progrès de leur puissance dans l'Inde, sentit que le secours de cette nation pouvait seul sauver Adel et l'Abyssinie.

Le Portugais Pedro Covillan était toujours à la cour. La reine l'avait comblé de richesses et d'honneurs; elle s'entendit avec lui pour faire des propositions d'alliance au roi de Portugal. Il y avait alors à la cour d'Abyssinie un marchand arménien nommé *Matteo*, homme intelligent, honnête et accoutumé depuis longtemps à parcourir les États de l'Orient pour les besoins du roi et des grands. Il fut choisi par la reine Héléna pour être son ambassadeur auprès du roi de Portugal. Il paraît certain que les dépêches dont il était porteur furent rédigées par Pedro Covillan. Il y est dit que ce que la reine demande sera expliqué par *Matteo*, son ambassadeur, qualifié du titre de son confident et d'homme instruit de ses plus secrets desseins.

Les ambassadeurs extraordinaires voyageaient plus lentement au xvie siècle qu'aujourd'hui. Matteo se rendit d'abord aux Indes portugaises ; ce ne fut que trois ans après, en 1513, qu'il continua sa route pour le Portugal, où il arriva avec une flotte chargée d'épices, expédiée par le gouverneur général portugais, Albuquerque.

Pendant ce temps, Héléna conclut d'abord un traité de paix avec le roi d'Adel ; mais les secours attendus du Portugal n'arrivant pas, ce prince, incapable de résister aux Turcs, se joignit à eux contre l'Abyssinie. Les armées combinées des Maures d'Adel et des Turcs envahirent les frontières de l'empire, et en moins d'un an réduisirent en captivité ou égorgèrent vingt mille chrétiens. La terreur se répandit dans tout le pays.

Le roi David III n'avait pas encore seize ans. Indigné des incursions de l'ennemi, il prit le parti de rassembler une armée et de la commander en personne. La reine régente, les femmes de la noblesse prodiguèrent leurs trésors, et, pour exciter les guerriers, n'épargnèrent ni les promesses ni les présents.

Le roi pénétra rapidement dans la province de Fatigar et marcha droit à Aussa, capitale du royaume d'Adel.

Là, il rangea son armée en bataille, en face des confédérés d'Adel. Il était déjà neuf heures, la chaleur commençait à se faire sentir. (Il faut observer que les Abyssiniens n'ont pas l'habitude de combattre de meilleure heure.) Un des chefs confédérés, Maffudi, envoya au camp de David un trompette porter un défi, par lequel il proposait un combat singulier au premier noble abyssinien qui voudrait se mesurer avec lui, à condition que le vainqueur obtiendrait la victoire pour son parti, et qu'alors les deux armées se retireraient chacune de son côté, sans qu'il y eût d'autre sang répandu. Le cartel fut accepté.

Un jeune moine abyssinien, nommé Gabriel Andréas, qui, sous le règne précédent, avait eu le bout de la langue coupé pour avoir parlé avec trop de liberté d'une proclamation du roi, s'offrit le premier et pria David de lui confier l'honneur du trône et la fortune de l'armée. Le roi y consentit. Tous les Abyssiniens applaudirent à Andréas. Il était d'une haute naissance, savant, riche, libéral, affable et connu par la finesse de son esprit. Il était, en outre, bon soldat, d'une valeur et d'une adresse éprouvées et ne le cédait, ni pour la vigueur, ni pour l'agilité, à aucun des guerriers de l'armée.

Les deux champions combattirent avec acharnement. Gabriel Andréas porta à Maffudi un coup de sabre si terrible entre le cou et l'épaule, qu'il le fendit presque en deux et l'étendit roide mort ; ensuite, il lui coupa la tête et vint la jeter aux pieds du roi David.

En même temps, les deux armées, qui n'avaient point ratifié la condition du combat singulier, s'ébranlèrent l'une contre l'autre. La fougue des Abyssiniens mit le désordre dans les rangs des Maures, qui se dispersèrent après avoir laissé dix ou douze mille des leurs sur le champ de bataille. Leur étendard vert fut pris, ainsi que la tente de velours noir brodé d'or de leur général en chef.

Le lendemain, David se rendit avec son armée dans une ville où se trouvait un palais appartenant au roi d'Adel. Voyant que la porte était fermée, il la frappa avec sa lance, mais personne ne répondit. Il défendit à ses soldats de rien piller et se retira laissant sa lance plantée dans la porte, pour montrer qu'il était venu en ce lieu et qu'il avait été maître d'entrer dans la maison.

Au retour de l'armée en Abyssinie, tout le monde s'empressa autour d'Andréas, en jetant sur son passage des fleurs et des branches vertes. Les femmes couronnaient son front de guirlandes, célébraient sa gloire par des chants et élevaient leurs enfants sur son passage. Cette victoire des Abyssiniens fut remportée en juillet 1516 ; et, le même jour, une flotte portugaise, sous le commandement de don Lopez Suarez Alberguiera, s'empara de l'île de Zeyla et en brûla les établissements. L'ambassadeur Matteo, qui avait été traité magnifiquement par le roi don Emmanuel et renvoyé aux Indes, s'embarqua à Goa avec l'amiral de Segueyra, et fit voile pour Massouah, où il arriva le 16 avril 1520. De là, il se mit en route pour l'intérieur de l'Abyssinie ; mais il ne put résister aux fatigues du voyage, et mourut consumé par la fièvre avant d'avoir pu rejoindre le roi David. Zara Zaab, moine abyssinien, fut choisi pour remplacer Matteo comme ambassadeur auprès de la cour de Portugal, où il se rendit en 1525, année de la mort de la reine-mère Héléna.

David se préparait alors à recommencer la guerre contre les Adeliens, qui s'étaient ligués avec les pachas et généraux turcs commandant en Arabie. Les Turcs envoyèrent un contingent qui commença par reprendre possession de Zeyla.

Une caravane avait coutume de partir annuellement de l'Abyssinie pour aler à Jérusalem. Les Abyssiniens avaient un traité avec les Arabes : leur caravane, composée d'un millier de pèlerins, tant prêtres que laïques, prenait son point de départ d'Hamozem, petit territoire qui n'est éloigné que de deux journées de marche de Dobarwa et de Massouah. La caravane était précédée de tambours, déployait ses drapeaux et traversait le désert par la route de Souakem, sans que personne cherchât à l'insulter.

L'année qui suivit la conquête de l'Egypte par le sultan Selim et qui vit la fin du règne de la dynastie des Mamelouks, l'abbé Azerata-Christos conduisit quinze cents pèlerins à Jérusalem, où ils arrivèrent sans accident ; mais à leur retour, ayant rencontré un corps de troupes envoyé par Selim, la plupart furent massacrés et les autres dispersés dans le désert, où ils périrent de faim et de soif. En 1525, une autre caravane s'assembla à Hamozen. Elle était composée de trois cent trente-six moines ou prêtres et de quinze religieuses. Le deuxième jour de leur départ elle fut attaquée par les Maures du district d'Hamozem. Tous les chrétiens un peu âgés furent passés au fil de l'épée et tous les jeunes furent réduits en captivité pour être vendus aux Turcs. Il n'échappa que quinze personnes, dont trois seulement purent arriver *en Choa*, auprès du roi. Dès ce moment, les Abyssiniens interrompirent toute communication avec l'Egypte par le désert. David entra avec une armée dans la province de Dawaro ; de là il envoya un corps de troupes pour observer les forces ennemies dans le royaume d'Adel. Ce détachement rencontra les troupes adeliennes préposées à la garde des frontières. On en vint aux mains ; les Abyssiniens furent vainqueurs et ils poursuivirent les Maures. Le roi s'avança alors et livra une grande bataille à Chimbra-Coré. Elle fut sanglante ; les Abyssiniens la perdirent complétement. La plus grande partie de leur noblesse et quatre mille soldats restèrent sur place.

Mehemet, surnommé *Gragné*, c'est-à-dire le *Gaucher*, gouverneur de Zeyla, commandait l'armée coalisée des Turcs et des Maures. Après sa victoire il employa deux années à fortifier la ligue. Il envoya en Arabie comme esclaves tous les prisonniers, et reçut en échange des renforts de troupes d'artillerie. Lorsqu'il fut prêt, il envahit la province de Fatigar ainsi que les deux autres provinces voisines, l'Efat et le

Davaro, brûlant, ravageant tout ce qu'il trouvait sur son passage et réduisant à l'esclavage les habitants que le sabre épargnait.

Voyant son empire menacé de ruine, le roi David se décida malgré l'infériorité de son armée, à marcher contre les ennemis et à les attaquer. La bataille se donna le 1er mai 1528. Le roi fut encore vaincu, après avoir vu périr autour de lui son général en chef Islam-Suéged et ses principaux officiers ; il se retira dans l'Amhara, et campa à Hégis, espérant recruter une nouvelle armée. Mais Gragné, qui était à sa poursuite, ne lui en laissa pas le temps ; il entra en Amhara, exterminant tout ce qu'il rencontrait.

Au mois d'avril de l'année suivante Gragné pilla et brûla Varvar. En 1530, il envahit la province de Tigré. Le roi, qui avait hiverné en Dambéa, gagna le Wogora.

En 1531, le monarque abyssinien traversa le Tzegadé, ayant toujours derrière lui Gragné. Enfin le général maure atteignit David le 6 février à Dalakas, sur les bords du Nil et lui offrit la bataille. La fortune se déclara encore contre le roi d'Abyssinie.

Negadé-Yasous, Açab-Zaat et plusieurs autres chefs de la noblesse périrent en combattant sous les yeux de leur prince.

Le brave moine Andreas, très-avancé en âge, chercha et trouva une mort glorieuse au milieu des ennemis, ne voulant pas survivre aux désastres de sa patrie.

Une partie de l'armée de Gragné se détacha pour

aller brûler Axoum, l'autre resta en Amhara. Le 7 avril, un général abyssinien, voulant empêcher le feu et le pillage des plus riches églises de l'Abyssinie, attaqua sans succès l'armée des Maures ; ses troupes furent taillées en pièces.

En 1536, vingt-huitième année de son règne, David traversa le Tacazzé et eut plusieurs rencontres désastreuses avec les habitants du Siré et du Serawé.

Le 7 mars, Ammer, un des lieutenants de Gragné, surprit et tua le prince Victor, fils aîné du roi, qui allait joindre son père; et dispersa son armée. Trois jours après, le roi combattait en personne l'armée d'Ammer à Zaat; mais il fut encore vaincu, et le plus jeune de ses fils, le prince Menas, fait prisonnier.

Le roi, resté presque seul, alla se réfugier dans les rochers de la haute montagne de Tsalem; mais il y fut encore poursuivi et n'échappa à l'ennemi qu'en traversant à la nage le Tacazzé. Il se retira alors sur le Tabar, montagne de la province de Siré, où il demeura tout l'hiver.

La constance admirable de David, qui seul semblait ne pas désespérer de sa cause, étonnait à la fois ses amis et ses ennemis. Aussi tous les braves soldats qui avaient pu échapper aux troupes maures répandues autour de la montagne où était le roi, n'hésitèrent pas à se rendre auprès de ce prince, et il se trouva bientôt à la tête d'une armée, peu nombreuse il est vrai, mais d'une valeur à toute épreuve.

Un lieutenant d'Ammer, Achmet Eddin, voulut alors traverser la province de Siré, chargé des dépouilles des églises et des villes qu'il avait pilleés. Le roi fondit tout à coup sur lui du haut de la montagne, le surprit, le tua de sa propre main et le laissa, avec tous les siens, étendu sur le champ de bataille.

La mort d'Ammer donna quelque repos à David. L'abouna *Marc*, vieux et infirme, n'ayant plus de rapports avec l'Egypte depuis la conquête des Turcs, était devenu assez indifférent pour l'Église du Caire; quelque temps avant sa mort, il désigna, à la prière du roi, pour son successeur, un prêtre portugais nommé Juan Bermudes.

Juan consentit à accepter le patriarcat d'Abyssinie, à la condition toutefois que le pape l'approuverait, et il partit pour Rome en traversant l'Arabie et l'Egypte. Paul III, alors pape, lui confirma non-seulement le patriarcat d'Abyssinie, mais lui donna aussi celui d'Alexandrie et le titre de patriarche de la mer. Il y avait douze ans que Zaga-Zaab était parti pour le Portugal; on n'entendait plus parler de lui. Juan Bermudes n'avait pas seulement une mission auprès du pape, il était aussi l'ambassadeur de David à la cour du Portugal, chargé de réclamer des secours contre les ennemis menaçant l'Abyssinie d'une ruine prochaine.

Pendant que David se maintenait au nord de l'Abyssinie, une catastrophe terrible ensanglanta le Midi.

Le visir Mudgid surprit dans la montagne de Gessem la famille royale, la fit prisonnière, et passa au fil de l'épée, sans distinction d'âge ni de sexe, tous ses défenseurs. Ce fut en 1540 qu'arriva ce terrible événement. Les malheurs de David étaient alors à leur comble ; il mourut la même année.

La chute de l'empire d'Abyssinie semblait inévitable. La famine et la peste, suite ordinaire en Orient des guerres prolongées, ravageaient le pays et emportaient ceux que le fer avait épargnés.

Claudius, encore très-jeune, monta sur le trône de David, son père, dans un temps où l'empire semblait devoir plus que jamais avoir besoin d'une main ferme et expérimentée. Mais Claudius possédait des grâces et une affabilité qui, à la première vue, lui gagnaient tous les cœurs. Sa mère, Sabel Venghel, célèbre par sa sagesse et son courage, l'avait élevé elle-même avec le plus grand soin.

Les Maures se félicitèrent de n'avoir plus affaire qu'à un jeune homme à peine sorti de la tutelle des femmes. Tous les chefs musulmans s'empressèrent de former une ligue contre Claudius. Ils levèrent de nouvelles troupes dans toutes les provinces qui leur étaient soumises.

Le jeune roi réunit les débris des armées de son père, marcha contre les confédérés, les battit dans plusieurs rencontres, et répandit la terreur parmi eux.

Les succès de Claudius soutinrent le courage des Abyssiniens et leur inspirèrent une confiance allant jusqu'à l'enthousiasme. Tous ceux qui avaient combattu sous son père se hâtèrent de se rendre auprès de lui. Les Agow de Lasta surtout descendirent en foule de leurs montagnes escarpées.

Claudius marcha de nouveau contre les Maures.

Il détruisit un corps d'armée commandé par un général très-expérimenté nommé Jonathan. Ce général tomba lui-même sous le fer des Abyssiniens.

Le roi était dans le pays de Samen, voisin de la province de Lasta. Il traversa le Tacazzé afin de se rapprocher des districts où l'armée des confédérés était cantonnée.

Une bataille fut livrée, le 24 avril 1541, contre Ammer, général en chef des confédérés. Claudius s'était mis en embuscade dans un chemin qui devait couper la retraite à Ammer, dont l'armée fut anéantie.

Pendant que les événements changeaient aussi favorablement en Abyssinie, le patriarche ambassadeur Juan Bermudes arrivait à la cour de Lisbonne, où son prédécesseur Zaga-Zaab se trouvait encore sans avoir accompli l'objet de sa mission.

Bermudes fit un tableau si frappant des désastres de l'Abyssinie, il intéressa si vivement le roi et les grands, qu'il obtint un ordre royal invitant le vice-roi des Indes à envoyer quatre cents soldats portugais à Massouah pour secourir l'Abyssinie.

Don Étienne de Gama, frère de Vasco, vice-roi des Indes, résolut de faire débarquer lui-même sur la côte d'Abyssinie Juan Bermudes, avec le secours promis par son souverain à l'envoyé de Claudius. Sa flotte franchit le détroit de Bab-el-Mandeb et se rendit à Massouah.

Don Étienne choisit six cents hommes de bonnes troupes commandés par Martin Correa, qui s'empara de la ville d'Arkiko et en passa tous les habitants au fil de l'épée. Ce chef tua d'un coup de mousquet le commandant de la province pour le roi d'Adel, et lui coupa la tête qu'il envoya à la reine Sabel Venghel, résidant alors dans une place fortifiée du royaume de Tigré. La reine reçut avec de grandes démonstrations de joie la tête du général maure, considérant ce trophée comme le gage des victoires que les Portugais et les Abyssiniens devaient remporter.

Cependant don Etienne de Gama fit choix des Portugais qu'il destinait à aller rejoindre Claudius. Le roi de Portugal n'avait promis à Juan Bermudes que quatre cents hommes; mais un ardent désir de gloire s'était emparé de tous les esprits, et chacun ambitionnait de partager les dangers de l'entreprise. Don Etienne confia le commandement de cette petite armée de héros au plus jeune de ses frères, don Christophe de Gama, officier de la plus grande espérance. Ceux qui ne purent avoir l'honneur de marcher, murmurèrent, et don Etienne eut beaucoup de peine à les maintenir dans le devoir. C'est à l'occasion du mécontentement des braves soldats qui ne pouvaient aller combattre, que la baie de Massouah, où était alors la flotte portugaise, fut nommée *Bahia de los Agraviados*, c'est-à-dire baie des Maltraités. Don Etienne fit voile pour l'Inde.

L'intrépide don Christophe marcha aussitôt du côté de Dobarwa. Le baharnagach (roi de la mer, nom donné au gouverneur abyssinien auquel sont confiées les provinces du littoral de la mer Rouge) reçut l'ordre d'escorter les Portugais. La reine se hâta de venir joindre don Christophe. Ce général alla au devant d'elle avec sa troupe, tambour battant, enseignes déployées. A son approche, il fit faire une décharge générale de sa mousqueterie. La reine était accompagnée de ses deux sœurs et d'une suite nombreuse. Don Christophe l'aborda, disent les annales, d'un air galant et respectueux. Elle était couverte depuis les pieds jusqu'à la tête ; mais elle daigna lever son voile.

En quittant Dobarwa, don Christophe marcha huit jours de suite dans des chemins très-difficiles pour faire sa jonction avec l'armée du roi. Ce fut alors qu'il reçut du général maure, Gragné, un défi accompagné des expressions les plus injurieuses, auxquelles il répondit sur le même ton. Gragné, qui voulait prévenir la jonction des deux alliés, pénétra dans la province de Tigré. Les deux armées ennemies ne cherchaient point à s'éviter. Le 25 mars 1542, elles se rencontrèrent à Aïnal, petit village.

Chez les Maures, on comptait cinq mille fantassins disciplinés et cinquante fusiliers turcs. Don Christophe n'avait que quatre cent cinquante Portugais et quelques milliers d'Abyssiniens très-mal armés.

La reine conseillait de ne point livrer bataille et d'attendre l'arrivée des troupes royales ; mais don Christophe se hâta de combattre.

Au commencement de l'action, Gragné fut ajusté par Pedro de Spa, officier portugais très-adroit ; son cheval fut tué du coup, et lui-même blessé à la jambe. Une grande confusion s'éleva parmi les Maures et aurait probablement entraîné leur défaite si, au même instant, le général portugais n'avait été également blessé d'un coup de feu.

Don Christophe resta maître du champ de bataille et ordonna à ses soldats de planter leurs tentes dans l'endroit que les Maures venaient de quitter, pour se placer entre l'armée du roi d'Abyssinie et les Portugais. Le monarque abyssinien et le général portugais ne cessèrent pendant quelque temps de s'envoyer réciproquement des messagers et de chercher à s'assurer, par leur correspondance, du meilleur moyen à adopter pour soutenir la guerre. Don Christophe et la reine pensaient qu'avec si peu de soldats portugais il serait très dangereux de risquer une action avant la fin de l'hiver. Mais dès que le général maure eut deviné leur plan, il rangea ses troupes devant les Portugais, les défiant de la manière la plus outrageante de sortir de leur camp et de venir le combattre. Parmi les vertus que possédait don Christophe on ne pouvait compter la patience, si nécessaire quelquefois à ceux qui commandent des armées ou qui dirigent de grandes entreprises. Il était ardent, impétueux, jaloux de ce qu'il croyait lui être dicté par l'honneur militaire, et obstiné à suivre les résolutions les plus intrépides. Les défis d'un barbare, qu'un général plus expérimenté aurait pu mépriser, faisaient oublier à Christophe ses propres raisons et celles de la reine pour ne pas hasarder la bataille avant l'arrivée de Claudius, qui s'avançait rapidement à la tête de son armée. Ne pouvant supporter plus longtemps l'insolence de Gragné, il dédaigna tous les conseils et prit le parti de combattre. Donc, le 30 août, à la pointe du jour, il sortit de son camp et offrit la bataille à l'ennemi. Gragné avait porté sa cavalerie à deux mille hommes. Il avait aussi cent Turcs armés de mousquets, un grand nombre de fantassins et un train d'artillerie supérieur à tout ce qui avait paru jusqu'alors en Abyssinie.

L'on combattit des deux côtés avec une fureur égale. Les Portugais avaient répandu de la poudre à canon devant leur première ligne, et dès que les Turcs s'approchèrent, ils y mirent le feu, ce qui occasionna dans les rangs ennemis un commencement de désordre. La fortune sembla d'abord favorable à don Christophe; mais Gragné ayant fait pointer son artillerie contre les Abyssiniens, ceux-ci, voyant l'effet des projectiles qui tombaient au milieu d'eux, se débandèrent et laissèrent le bataillon portugais entouré par toute l'armée des Maures. Gragné ne perdit pas son temps à poursuivre les fuyards. Il n'en voulait qu'aux Portugais, dont le petit nombre semblait lui promettre une victoire sûre et rapide. Mais ses attaques redoublées n'eurent aucun succès, et déjà il avait perdu ses meilleurs officiers lorsqu'un soldat turc, apercevant don Christophe s'exposant plus qu'aucun de ses compagnons, le visa et l'atteignit au bras. Soudain tous les soldats portugais s'oublièrent eux-mêmes pour ne songer qu'à leur général. Christophe refusant absolument de quitter le champ de bataille, on fut obligé de le mettre par force sur une litière et de l'entraîner avec la reine et le patriarche.

Il était déjà nuit; don Christophe, transporté au milieu d'un bois, tout près d'une caverne, donna ordre qu'on l'y descendît et qu'on pansât ses blessures. La reine et le patriarche le prièrent en vain de quitter ce lieu. Sa résolution était prise, et, sans vouloir en expliquer les raisons, il refusa absolument de s'éloigner. La reine lui représenta alors qu'il était précisément sur le chemin des cavaliers maures, qui, dès le lever du soleil, ne manqueraient pas de l'environner. Il répéta d'un ton si ferme qu'il voulait demeurer là et exigea dans de tels termes qu'on le laissât seul, que la reine et le patriarche durent se retirer.

Don Christophe avait ramené d'une de ses expéditions dans les montagnes la femme d'un officier turc qu'il avait tué. Cette femme, extrêmement belle, feignit de se convertir au christianisme; elle inspira au général portugais la plus vive tendresse. Lorsqu'il fut blessé et obligé de se retirer, elle lui indiqua la route qu'il devait suivre et lui promit de venir le rejoindre avec ses amis pour le conduire dans un lieu sûr. Des serviteurs que la reine avait laissés pour veiller sur lui et le secourir, s'étant cachés entre les rochers, virent en effet cette femme s'approcher de la caverne et bientôt après s'en retourner dans un bois, d'où sortit tout à coup une troupe d'ennemis. Les Maures coururent vers la retraite où don Christophe était étendu à terre, souffrant de ses blessures. A la première question qu'ils lui adressèrent, il dit courageusement son nom. Aussitôt on le conduisit prisonnier au camp ennemi, où Gragné l'accabla de reproches. Le général portugais lui répondit d'un ton si fier et si imposant, que le Maure, outré de colère, tira son sabre et lui trancha la tête. Il envoya ensuite cette tête à Constantinople, et le corps fut partagé entre diverses tribus de l'Arabie.

Gragné s'empara du camp des Portugais et laissa égorger tous les blessés. Les femmes s'étaient retirées dans la tente de don Christophe, où les Turcs les menaçaient de leur brutalité. Une jeune et noble Abyssinienne, qui avait épousé un Portugais, indignée des outrages auxquels elle était exposée, mit le feu à plusieurs barils de poudre qui étaient dans la tente et fit périr à la fois elle, ses compagnes et leurs vainqueurs.

La reine et le patriarche, après avoir suivi des chemins très-pénibles, rejoignirent enfin le roi et lui racontèrent leurs malheurs.

Claudius témoigna le plus grand chagrin de la mort de don Christophe, qu'il pleura pendant trois jours; ensuite, il envoya trois mille onces d'or pour être partagées entre les Portugais, qui s'empressèrent de se rallier autour du prince, le priant instamment de les mener au combat afin de venger la mort de don Christophe.

Le roi se rendit de la province de Samen dans celle de Chavada, où les Maures vinrent le combattre avec toutes leurs forces. Claudius livra bataille le 15 novembre. Cette journée fut fatale aux musulmans, qui perdirent trois de leurs principaux chefs : Mehemet, Osman et Talil.

Les deux armées se livrèrent à des mouvements stratégiques pendant plusieurs mois; mais, le 10 février 1543, Claudius présenta de nouveau la bataille à l'ennemi, au Bet-d'Isaac. Les Portugais, toujours animés par le désir de venger don Christophe, combattirent avec la plus grande valeur. L'avant-garde de Gragné fut repoussée sur le centre. Ce choc occasionna un grand désordre parmi les Maures ; alors Gragné s'avança seul hors des rangs, faisant signe à ses soldats de le suivre. Un ancien serviteur de don Christophe, Pedro Léon, l'ajusta et lui perça le corps d'une balle au moment où les deux armées se joignaient. Le général maure poussa son cheval du côté d'un bois où Pedro Léon, qui le suivait, le vit tomber mort. Ce Portugais, voulant combattre encore, ne se chargea point de la tête de Gragné, mais il se contenta de lui couper une oreille qu'il mit dans sa poche et retourna dans la mêlée. Les Maures, se voyant privés de leur général, prirent bientôt la fuite. Ils furent poursuivis jusqu'au soir par les Portugais et par les Abyssiniens, qui en firent un grand carnage.

Claudius venait donc de tirer une éclatante vengeance des chefs musulmans qui avaient réduit son père aux plus cruelles extrémités. Il ne lui en restait plus à punir qu'un seul, nommé Joram, qui, après avoir chassé David de l'endroit où il s'était caché sur le mont Salem, l'avait forcé à traverser à pied le Tacazzé et lui avait fait courir le risque de se noyer ou d'être pris. Joram ne s'était point trouvé à la bataille du Bet-d'Isaac, mais il se hâtait de se diriger de ce côté. Le roi, informé de sa marche, détacha un corps de troupes pour le surprendre avant qu'il eût pu connaître la défaite de ses alliés. Ces troupes se mirent en embuscade, et, au moment où Joram passa, elles fondirent sur son armée et la taillèrent en pièces.

Pendant tout le temps que Gragné avait ravagé l'Abyssinie, les provinces de Siré et de Tigré avaient été le principal théâtre de la guerre. Ces provinces étaient situées entre le Dembea et les places que les Maures occupaient sur la mer Rouge. L'ennemi les avait traversées dans tous les sens et y avait porté la ruine et la désolation. Gragné avait brûlé la ville d'Axoum, détruit toutes les églises et les couvents du Tigré. Claudius occupa la fin de son règne à réparer tant de désastres.

Cependant Del-Vumboréa, veuve de Gragné, cherchait à rallumer la guerre. Elle était fort belle. Nur, gouverneur de Zeyla, en était éperdument amoureux. Cette héroïne déclara qu'elle ne donnerait jamais sa main qu'à celui qui lui apporterait la tête du vainqueur de Gragné, de Claudius, roi d'Abyssinie.

Nur accepta avec ardeur une condition qui lui laissait peu de rivaux. Il envoya un message à Claudius lui annonçant que quoique Gragné fût mort, il restait encore un gouverneur de Zeyla dont la famille avait juré de répandre le sang des princes abyssiniens, et l'avertit de se tenir prêt, parce qu'il allait promptement le combattre. Claudius venait de faire différents voyages dans ses États pour faire relever les églises que Gragné avait brûlées, et rebâtissait celle de Debra-Verk (Montagne d'Or), quand il reçut le défi de Nur. Ce prince était d'un caractère à ne jamais refuser l'offre d'un combat. Ayant rassemblé son armée à la hâte, il prit la route d'Adel, au grand regret de la reine et de ses amis, qui lui conseillaient d'attendre le chef maure.

Les deux armées étaient déjà rangées en bataille et l'action allait s'engager, quand un moine de Debra-Libanos vint trouver le roi pour lui faire part d'une vision qui l'avertissait de ne point combattre. Mais les Maures s'avançaient, et le roi déjà à cheval, au lieu de répondre au prêtre, marcha résolûment à l'ennemi. Au premier feu, Claudius se trouva engagé au milieu de l'armée maure avec vingt cavaliers et dix-huit fusiliers portugais, qui furent tués à côté de lui. Il tomba lui-même après avoir combattu en héros et reçu vingt blessures. Sa tête fut coupée et portée par Nur à Del-Vumboréa, qui la fit attacher par les cheveux aux branches d'un arbre placé devant sa porte, afin de pouvoir sans cesse repaître ses yeux d'un spectacle cher à sa vengeance.

Claudius avait régné dix-neuf ans. La bataille où il perdit la vie se donna le 22 mars 1559. Les principaux officiers abyssiniens y périrent; une grande partie de l'armée resta prisonnière, le reste fut dispersé et le camp entièrement mis au pillage. Nur, satisfait de la récompense qu'il avait ambitionnée, ne recommença pas la lutte; il retourna à Adel, revêtu d'un habillement de simple soldat, défendit les démonstrations avec lesquelles on avait coutume d'accueillir les généraux victorieux, déclara qu'il n'avait aucune part au succès de la journée, et que la gloire en était due à Dieu seul, dont la main toute-puissante avait frappé l'armée abyssinienne.

Depuis cette époque, les Maures d'Adel cessèrent d'inquiéter sérieusement l'empire abyssinien.

Les règnes des souverains de la race de Salomon qui succédèrent à Claudius, de 1559 à 1770, n'offrent qu'une suite de révoltes, de luttes intestines et de guerres souvent malheureuses avec les tribus gallas voisines de l'Abyssinie.

CHAPITRE V.

Epoque moderne et contemporaine.

À la fin du XVIIIe siècle, les gouverneurs des principales provinces refusèrent obéissance au monarque de la descendance de Salomon. Les princes de cette famille avaient perdu leur prestige et leur autorité ; et jusqu'à présent l'Abyssinie s'est trouvée gouvernée par les ras ou rois des deux grandes divisions qui forment l'empire d'Abyssinie, le *Tigré* et l'*Amhara*.

Le Tigré avec ses dépendances comprend tout ce qui se trouve entre la mer Rouge et le Tacazzé. L'Amhara, avec ses provinces dépendantes, est formée par les territoires qui se trouvent entre le Tacazzé et le Nil.

En 1855, un chef abyssinien, simple gouverneur de province, n'appartenant pas à la descendance de Salomon, se révolta contre son beau-père le Ras-Ali, qui régnait depuis longtemps à Gondar. Il le renversa, et, après avoir successivement vaincu Oubié, roi de Tigré, ainsi que le roi de Choa, il se proclama empereur sous le nom de Théodore.

Mais, comme nous l'avons vu si souvent dans les siècles qui ont précédé l'époque moderne, l'Abyssinie, pays de montagnes, favorable à la défense aussi bien qu'aux retours offensifs, offre toujours de brusques changements de fortune militaire.

En 1858 et 1859, Théodore fut vaincu à son tour par Négoucié-Nilkas, neveu d'Oubié, qui reconquit quarante-quatre provinces faisant partie du royaume de son oncle, et fit en outre prendre possession de Gondar, seconde capitale de l'ancien empire, par son frère, Dedjammadjé-Tassamma.

Un parent du Ras-Ali, nommé Amadiu-Bechir, battit dans plusieurs rencontres l'armée de Théodore et resta maître des provinces de Wollo, de Warro-Cassou et de Warro-Imanat. Le roi de Choa reconquit son indépendance en s'alliant avec Amadiu-Bechir et avec un autre chef, nommé Tédéla-Gualu, qui gouverne les provinces de Godjam, de Damot et d'Agos-Meder jusqu'aux sources du Nil-Bleu. Enfin les tribus gallas se sont constituées en royaume et sont hostiles à Théodore.

Le roi Nilkas paraît donc être dans ce moment, par le nombre et par l'importance des provinces qu'il a reconquises, le prince le plus puissant de l'Abyssinie.

Nous faisons des vœux pour que ce malheureux pays, livré dans ce moment à toutes les horreurs de la guerre civile, obtienne le rétablissement du principe d'unité de l'empire qui autrefois l'avait sauvé de la conquête étrangère. Nous espérons que le roi Nilkas, par son courage, par son intelligence et par ses tendances à ouvrir des relations avec l'Europe, sera à la hauteur de cette tâche difficile et glorieuse.

Le prince Nilkas vient de nous adresser une lettre autographe dans laquelle, tant *en son nom qu'au nom de son peuple*, il nous exprime ses vœux pour l'exécution du canal maritime de Suez, nous offrant le concours et les ressources de son pays. Nous croyons qu'on nous saura gré de donner le texte original, reproduit d'après une photographie, et la traduction exacte de ce document si flatteur pour nous, qui de plus a le mérite de prouver que les peuples les plus éloignés s'intéressent au projet dont nous poursuivons la réalisation. Nous devons la traduction de cette lettre, écrite en éthiopien, à M. d'Abbadie, notre célèbre compatriote, très-connu par ses voyages en Abyssinie.

« Moi Niguse,

» Maître (du cheval) Nilkas, roi d'Éthiopie, qui règne dans la loi de N. S. Jésus-Christ, depuis Mizwa jusqu'à Guandar (Gondar) : et ceci est le royaume de Tigré, etSimen, Wagara, Walqayt, Tagadé, Dambya, Balasa, Kinfaz, Sahla, Agaw Lasta, Salawa ; je salue Ferdinando de Lesseps, qui est de la tribu de la lumière, qui fait un travail étonnant pour notre temps.

» Depuis le commencement jusqu'à présent, j'ai eu

l'esprit attentif au travail que vous faites et qui sera une grande joie pour tout le monde ; et aujourd'hui que c'est une chose décidée, au nom de mon pays que j'aime, et en mon nom, je vous rends grâces. En faisant creuser la terre de Sawis (Suez), c'est vous qui faites l'union mutuelle entre notre pays et les affaires d'Europe. Donc votre nom ne périra pas auprès de nous. C'est pourquoi notre pays sera le grenier de blé pour la contrée d'Occident. Puisqu'il en est ainsi, sachez que moi et mon pays nous vous aimons. Je désire aider votre travail par du bétail ou par d'autres moyens. Je supplie le Seigneur qu'il vous garde. »

(Au bas le cachet royal.)

ተጽሕፈት ዘቲ መልእክት ፪መ፲መ
ዐስታሳሃስ እምለጸተ እግዚእን ዘ፲፱፻፷፯
የባወጻመት ብ ሕስበ ኢትዮጵያ።

እሬ ንጉሤ

እባ ንክክ የኢትዮቁያ ንጉሥ ብ
ጌታችን ኢየሱስ ክርስቶስ እግ
ክምጽፕ እስከ ጉንጸር የገዛሁ፣
ዴህያሢ የትግሬ መኳግሥ ትነ ስ
ሚን መገሪ ጠልታይት መገዴ ጀም
ብ ፡ በስዕ ኪንፉዝ ማዝሳ እነው ሳ
ስታ፡ስስዋ በዘ መኖችን የዊያከደጀ
ት ሥራት፡ ሰህ ዴያደርጉ፡ የብርሀነ
ወገን ለፈርንዴ ናንጀ ዘሴሴፕስ
ስስም እስለሁ ።

ለስው፡ ቱስ እጆን ደዐታ የሚሆን
ን ስሚሠሩት ሥራት ከመጋርመ

ያ፡ጊዜ፡እስከሆን፡ፍልዝ፡ተክተነሰቱ።
ዛራም፡ተርዋ፡ከሆነ፡በምወደው፡ልን
ሬና፡በራ፡ልም፡አመሰግነው፡አስቱ፡ የ
ሰዊስን፡መሬት፡በማስቁፈረው፡ልን
ራችነ፡ካስተባገር፡ሌውሮፕ፡ጋራ
የሚደጋዋሙ፡እርስዎ፡ነምና፡እንግዴ
ህ፡የርስዎ፡ስም፡ከኛ፡ዘንዱ፡አይጠሩ
ም፡ከአዚህ፡እንራችን፡ለመልራዊል
ገር፡የእህል፡ጎታ፡ይሆናል፡፡እንዴህ፡ከ
ሆነ፡እኔኆ፡ለገሬ፡እርሰዎን፡መውደጀ
ችነሳ፡ይወቁልን፡፡በከብት፡ወይሥ
በሌስ፡ነገር፡ቢሆን፡ስሠራም፡ሳግዝ፡እ
ወደሰሁ፡ከእንገዘርም፡እንዲጠ፡ብቀ
ም፡እሰምነስኑ።

www.ingramcontent.com/pod-product-compliance
Lightning Source LLC
LaVergne TN
LVHW021711080426
835510LV00011B/1715